FASTES NOBILIAIRES.

Imprimerie Félix Locquin, 16, rue N.-D. des Victoires.

NOTICE HISTORIQUE

SUR

M. LE VICOMTE

HENRI DE LA TOUR-DU-PIN, CHAMBLY DE LA CHARCE,

AUTEUR

Des Caractères et Réflexions morales.

PUBLIÉE

PAR MM. TISSERON ET DE QUINCY

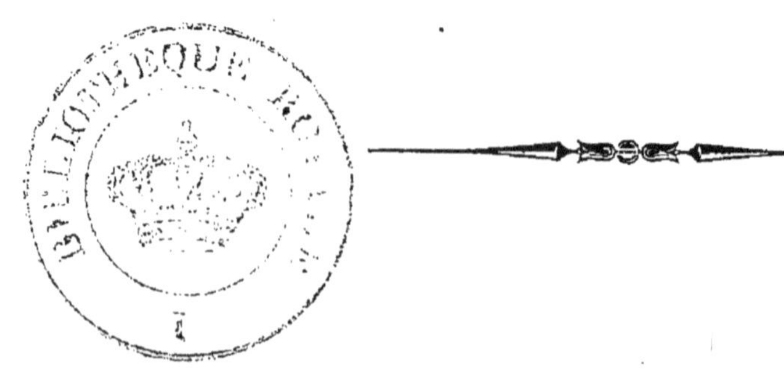

PARIS

AU BUREAU DE L'ADMINISTRATION,

RUE DU FAUBOURG SAINT-MARTIN, N° 61.

1845

NOTICE

SUR

M. LE VICOMTE

DE LA TOUR-DU-PIN, CHAMBLY DE LA CHARCE.

Il y a quelque temps, un livre, intitulé : *Caractères et Réflexions morales*, s'offrit à nos yeux ; son titre nous frappa, et nous le lûmes, quoiqu'il eut paru pour la première fois il y a plus de vingt ans. Cependant nous avions lu et Platon, et Théophraste, et Montaigne; et Labruyère, et Vauvenargues, et..... que sais-je ! tous les écrivains qui, animés d'un saint zèle en faveur de l'humanité, se sont bercés du doux espoir de la changer et de l'améliorer, et qui ont employé toute leur existence à écrire des préceptes de morale qui n'ont été suivis par personne. — Car toujours l'homme n'agit-il pas poussé par ses mauvaises passions? — Eh bien ! M. le vicomte de la Tour-du-Pin, homme déjà d'une grande expérience, à l'âge où il écrivit ses *Caractères et Réflexions morales*, et ce livre semble nous le prouver, n'a cependant pas reculé devant l'inutilité d'une semblable tâche : doué de cette persévérance inaltérable inhérente au caractère de tout esprit élevé, et sachant bien qu'il ne faut jamais se lasser de faire entendre la vérité aux oreilles des hommes, il a fait et publié un livre de réflexions morales. Cet ouvrage nous a laissé longtemps sous diverses impressions, quelques-unes mauvaises, parce qu'elles nous faisaient penser aux travers de cette pauvre humanité, d'autres bonnes à l'égard de l'auteur dont l'indulgence pour cette dernière, se fait sentir dans beaucoup de passages de son livre, même dans ceux où il flagelle le plus sévèrement les vices des hommes.

Mais avant de rendre compte du livre de M. de la Tour-du-Pin qui, nous n'en doutons pas, accueillera nos observations et les prendra en bonne part, qu'elles soient sévères ou louangeuses, parce que notre impartialité seule nous les aura dictées, nous croyons devoir donner quelques détails sur l'illustre famille dont descend le vicomte Henri de la Tour-du-Pin, l'écrivain des *Caractères et Réflexions morales.*

La maison de LA TOUR-DU-PIN actuelle a une origine commune avec les derniers DAUPHINS

DE VIENNOIS (qui eux-mêmes étaient une branche cadette de la maison de LA Tour-d'Auvergne, comme l'établit le savant Baluze, l'historien
de cette maison), ainsi qu'il résulte de divers
titres authentiques (1), qu'on peut consulter à
la Bibliothèque royale, et aux Archives du
royaume, et du Mémoire généalogique dressé
en 1787 et 1788 par M. Moulinet, secrétaire
déchiffreur de la Chambre des Comptes du
Dauphiné. La consanguinité qui existe entre les
LA TOUR-DU-PIN et les LA TOUR-D'AUVERGNE est
appuyée par l'abbé Muratori, dans ses *Anec-
dotes*, par Baluze, ainsi que nous venons de le
dire, et par Justel, historiens de la maison
d'Auvergne; par Chorier, historien du Dauphiné; par Jean Le Lièvre, dans son *Histoire
de Vienne*; par Robert, auteur de *La Gaule
chrétienne*; par Lequien-de-la-Neuville, dans
son *Histoire des Dauphins;* par M. de Cour,
celles, l'auteur du *Nobiliaire universel;* enfin

(1) Titres qui prouvent : 1° que les Dauphins du nom de la
Tour (titre de 1314) reconnaissaient leur consanguinité avec
la branche de Vinay ;

2° Que, lors de la réunion du Dauphiné à la France, en 1343,
Pierre de la Tour, châtelain d'Oulx, qui prêta serment avec son
fils Guigonnet (duquel descend toute la maison actuelle), *était
oncle de Aynard de la Tour, seigneur de Vinay* (titre de 1350);

3° Que cet Aynard de la Tour, seigneur de Vinay, était aussi
co-seigneur de la Tour-du-Pin (titre de 1358).

par M. Laisné, dans son *Dictionnaire véri-
dique des origines des familles nobles*.
Louis XVIII, profondément versé, comme cha-
cun sait, dans la connaissance de l'histoire de la
noblesse de France , se rappelant que les LA
TOUR-DU-PIN étaient alliés à la MAISON DE BOUR-
BON, par le mariage, en 1323, du DAUPHIN GUI-
GUES DE LA MAISON DE LA TOUR-DU-PIN, avec ISA-
BELLE DE FRANCE, fille de PHILIPPE-LE-LONG, éleva
au titre de pair, par lettres patentes de 1820,
l'aîné de cette maison, M. FRÉDÉRIC-SÉRAPHIN,
MARQUIS DE LA TOUR-DU-PIN-GOUVERNET, en di-
sant qu'il lui conférait cette dignité, EN CONSIDÉ-
RATION DE L'HONNEUR QU'IL AVAIT DE LUI ÊTRE
ALLIÉ.

Des objections ont été faites par Valbonnais
sur la véritable origine de la maison de LA TOUR-
DU-PIN, dont lui-même a écrit une incomplète
histoire : il prétendait qu'elle était originaire du
Dauphiné, où elle possédait le fief indépendant
de LA TOUR dont la ville de LA TOUR-DU-PIN était
le chef-lieu, et qu'ainsi elle ne remontait qu'à
BERLION DE LA TOUR, vivant en 1107. Nous pouvons assurer, et d'après des titres authentiques,
qu'elle est une branche cadette qui se sépara,
vers 990, de la maison de LA TOUR-D'AUVERGNE.
Du reste, nous devons ajouter que LA MAISON DE
LA TOUR-DU-PIN, adoptant le sentiment même

des historiens de la maison d'Auvergne , a apporté dans ses armes des changements analogues à ceux que cette dernière maison avait faits dans les siennes.

Maintenant, déroulons aux yeux de nos lecteurs la brillante généalogie de cette noble famille , et faisons-en ressortir toutes les actions éclatantes qui l'ont illustrée, depuis des siècles, sans toutefois oublier d'énumérer les autorités compétentes auxquelles nous devons les traditions historiques que nous allons raconter brièvement. (1).

RENÉ DE LA TOUR-DU-PIN, seigneur de Gou-

(1) M. Mille, *Histoire de Bourgogne;* Michaud, *Biographie universelle;* Laisné, *Dictionnaire véridique des origines des familles nobles;* de Courcelles, *Nobiliaire universel;* de Saint-Allais, *Tableaux historiques;* de Thou , *Histoire universelle;* Guichenon, *Histoire de Savoie;* Palma Cayet, *Chronologie novennaire;* le marquis d'Aubais , *Pièces fugitives;* Brantôme, *Vie des grands capitaines;* Gaufridy, *Histoire de Provence;* Videl, *Vie du connétable de Lesdiguières; Le Mercure français;* Turenne, *ses lettres;* Quincy, *Histoire militaire de Louis XIV;* Dangeau, *dans son journal;* Daniel, *Histoire de France;* Pinart, *Chronologie militaire;* Prud'homme, *Crimes de la révolution française;* Bouillé, *ses mémoires;* Burke, *Réflexions sur la révolution de France;* Lacretelle , *Histoire de la révolution;* Royou, *Histoire de France;* le recueil des pièces concernant le *procès de la reine Marie-Antoinette;* l'*Annuaire biographique;* le vicomte de Conny, *Histoire de la révolution;* le vicomte Walsh, *Journées mémorables;* de Geramb, abbé de la Trappe, *Pèlerinage à Jérusalem;* Weiss, *Biographie universelle;* l'*Album du Dauphiné;* etc., etc.

VERNET, baron d'Aix, Mévouillon et Montauban, et toujours nommé GOUVERNET par les historiens du temps, naquit en 1543, à Gouvernet en Dauphiné. Elevé dans la religion calviniste, et compagnon de Dupuy-Montbrun, il embrasse le parti d'Henri de Navarre. *Bras droit* de Lesdiguières, il assiste avec distinction à toutes les guerres contre la Ligue et le duc de Savoie Rançonne la Provence en 1580. Prend la ville de Montélimart en 1586, et la reprend en 1588.

Près de cette ville, il tue, en combat singulier, en présence des deux armées, le chevalier de Loriol, dont il envoie le cheval à titre d'hommage au roi de Navarre. Signe le traité (14 août 1588) qui joignit les troupes royales aux protestantes contre le duc de Mayenne et la Ligue. Brave et loyal chevalier durant toute sa vie, Henri IV entretient avec lui une correspondance qu'il continue jusqu'à sa mort. Louis XIII, ajoutant aux faveurs que lui accordait son père, lui fait une pension de 10,000 livres, et érige en marquisat la terre de la Charce, en récompense de ses signalés services. Gouvernet, qui, après avoir été capitaine de cent hommes d'armes, était devenu maréchal de camp et gouverneur du Bas-Dauphiné, mourut à Die, en 1619.

RENÉ DE LA TOUR-DU-PIN, troisième fils du

précédent, baron de Chambaud, conseiller du roi, en ses conseils d'Etat et privé, représente la noblesse de Languedoc aux Etats généraux de 1614. Il meurt mestre de camp en 1616, en prenant part aux guerres de Savoie.

HECTOR DE LA TOUR – DU – PIN – MONTAUBAN , fils puîné de Réné de Gouvernet , fut le dernier chef des protestants du Dauphiné. Il se soumit, en 1626, après la reddition des places de Soyans et de Mévouillon , dont avait il soutenu le siège entrepris par Lesdiguières pendant quarante-six jours. Il reçoit en dédommagement 100,000 fr., le brevet de maréchal de camp et son rétablissement dans les charges de gentilhomme de la chambre et de gouverneur de Montélimart. Cette dernière place fut conservée par la famille jusqu'en 1789.

RÉNÉ, MARQUIS DE LA TOUR-DU-PIN-MONTAUBAN, fils aîné d'Hector, né vers 1620, se convertit au catholicisme avant d'être présenté à la cour. Bien venu du cardinal de Richelieu, celui-ci l'envoie servir en Catalogne comme capitaine de cavalerie dans le régiment du comte de La Mothe. Devenu colonel d'un régiment de son nom (Montauban), il se distingue tellement dans cette province que le roi l'y nomma commandant de toute la cavalerie sous les ordres du prince de Conti. En 1664, envoyé contre les Turcs, il se montre avec éclat au passage du Raab et à St Godard. Il contribue à la conquête de la Franche-Comté, en 1668, et à celle de la Hollande en 1672, et est nommé, dans cette guerre, gouverneur de Zutphen et de Nimègue. Créé maréchal de càmp en 1674, il est blessé au combat de Seneff. Plus tard il se trouve à la bataille de Mulhausen; et de l'aveu même de Turenne (1), il décide le succès de cette journée célèbre. Ensuite, et Turenne venant à mourir, il contribue au gain de la bataille d'Altenheim. Lieutenant-général en 1677, il sert avec distinction en Sicile sous les ordres du maréchal de Vivonne. Puis il ramène les troupes en Catalogne, prend part au siège de Puy-Cerda dont il est nommé gouverneur, même avant la reddition de la place. En 1679, il est enfin nommé commandant en chef de la Franche-Comté, et il meurt à Besançon, le 19 juillet 1687.

Une fille de Pierre III, marquis de la Charce, maréchal de camp, nommée Philis de la Tour-du-Pin de la Charce, lors de l'irruption que le duc de Savoie fit en Dauphiné en 1692, rassembla les vassaux de son père et tous les

(1) *Lettres de Turenne*, in-folio, t. II, p. 626.

habitants des communes environnantes, et se mettant à leur tête, après avoir fait couper les ponts et garder les passages, elle livra plusieurs combats dans les défilés des montagnes, et força le prince à la retraite. (1).

Lous XIV, en apprenant les exploits de cette digne émule des Jeanne-d'Arc et des Jeanne Hachette, lui accorda une pension de 2,000 livres, et ordonna que ses armes, son portrait et son écusson fussent déposés dans le trésor de St-Denis. Elle mourut à Nyons, en 1703. Aujourd'hui cette ville, avec le concours du gouvernement, lui élève un mausolée.

Réné-François-André, comte de la Tour-du-Pin, vicomte de la Charce, seigneur de Bômont, Rary, Bezonville, etc , naît à Ypres en Flandre, en 1715. D'abord page de la grande écurie du roi, il devient colonel-lieutenant du régiment de Bourbon-Infanterie, puis brigadier des armées du roi, en 1747, et enfin chevalier de St-Louis. Il sert avec distinction à l'affaire

(2) Voir le *Mercure* du temps, les *Questions sur l'Encyclopédie* de Voltaire, article *Amazones*, le *Journal de la cour de Louis XIV*, les *Mémoires de Dangeau*, les notes du roman intitulé *Mademoiselle de Lafayette*, celles du *Dictionnaire des généraux français*, par M. de Courcelles (Paris, 1823), et la préface des *OEuvres de madame Deshoulières*, dans lesquelles on trouve deux épîtres adressées à Philis de la Charce.

de Clausen, en 1735, en Bavière (1743), à Weissembourg, en 1744, où il est dangereusement blessé. La même année, il se trouve au siège de Fribourg, l'année d'ensuite, aux prises de Mons et de Charleroi; et en 1746, à la bataille de Rocoux. Assiste à la bataille de Lawfelt, où il est blessé de nouveau, et se retire du service en 1748.

Il avait épousé, en 1741, Jacqueline-Louise de Chambly, seule descendante de cette illustre maison, dont deux de ses membres, Jean et Nicolas de Chambly, avaient fait partie de la croisade que commandèrent Philippe-Auguste et Richard Cœur-de-Lion, en 1191. En 1270, un autre Jean de Chambly accompagnait Saint-Louis à Tunis. Un Pierre de Chambly, grand chambellan de Philippe-le-Bel, négociait la paix entre la France et l'Angleterre, en 1303, de concert avec le fils de France et les ducs de Bourgogne et de Bretagne. Le fils du précédent, autre Pierre de Chambly, épousa la veuve de Rodolphe de Hapsbourg, Isabeau de Bourgogne, dont on voyait encore le tombeau aux Grands-Augustins de Paris, quelques années avant la révolution de 1789. Un sire de Chambly mourut encore en combattant près du roi Jean à la malheureuse journée de Poitiers. Par suite des donations et des substitutions faites par Jacques-François de Chambly, comte de Bômont, à son cousin Charles-François de Chambly, père de Jacqueline, il fut stipulé que le fils aîné qui naîtrait du mariage de Réné-François-André, comte de LA Tour-du-Pin et de Jacqueline de Chambly, porterait le nom et les armes de la maison de Chambly. Cette obligation a été fidèlement remplie, et de là est venue la branche de LA TOUR-DU-PIN CHAMBLY dont descend le membre de la famille, objet principal de cette notice.

Le comte Réné-François-André est mort le 12 février 1778 à Paris, et sa veuve est décédée à Reims, le 29 novembre 1791.

JACQUES-FRANÇOIS-RÉNÉ DE LA TOUR-DU-PIN DE LA CHARCE, frère du précédent, né à Ypres, en 1720, entre dans les ordres, s'adonne à la prédication et devient par suite prédicateur du roi. Il est successivement prieur de Mortagne (1745), abbé commandataire de l'abbaye royale de Notre-Dame-d'Ambournay (1753), prieur de St-Maxire, vicaire-général de Riez, puis chanoine comte de Tournay, en 1764. De l'Académie de Nancy, il prononça le panégyrique de St-Louis devant l'Académie française, en 1751, et mourut subitement, en 1765, à l'abbaye de St-Victor de Paris, comme il commençait à publier ses sermons et panégyriques, dont 6 vol. in-12, qui parurent à cette époque, ont établi sa réputation d'écrivain élégant et correct.

PHILIPPE-ANTOINE-GABRIEL-VICTOR-CHARLES , marquis de LA TOUR-DU-PIN-GOUVERNET DE LA CHARCE, appelé plus tard le marquis de GOUVERNET, du nom de la terre qui lui fut donnée par l'aîné de sa maison, était l'arrière-petit-fils de Pierre, marquis de la Charce, père de l'illustre Philis dont nous avons parlé. Né en Champagne en 1723, il entre au service en 1736, et fait toutes les campagnes de la guerre qui se termina par le traité d'Aix-la-Chapelle en 1748. Il se distingue à la bataille de Rocoux, devient malgré sa jeunesse gouverneur de Nyons. Colonel, en 1746, d'un régiment de son nom, se trouve, en 1747, à toutes les affaires de la campagne de la Flandre hollandaise. Sa valeur au siège de Hulst lui vaut d'être nommé chevalier de St-Louis à vingt-quatre ans ; et il contribue si puissamment au gain de la bataille de Lawfelt qu'à vingt-six ans il fut nommé gouverneur du Maine, Perche et comté de Laval, et gouverneur particulier de la ville du Mans. Il fait ensuite toutes les campagnes de la guerre de Sept-Ans (1756) à la tête de son régiment *de la Tour-du-Pin*, qui se couvre de gloire, à Crevelt, à Muns-

ter, à Corback, à Warbourg et à Closter-Camp
où, le marquis de la Tour-du-Pin déployant la
plus grande valeur, fut blessé d'un coup de feu
à la cuisse. En 1761, il est nommé maréchal
de camp, se distingue de nouveau aux affaires
de Fillinghausen et de Roxel, et passe plus tard
comme inspecteur à l'armée d'Espagne commandée par le prince de Beauveau; devient
commandant général de Bourgogne en 1765,
lieutenant-général en 1780, et fait partie de
l'assemblée des Notables en 1787 et en 1788.
Resté en France pendant la révolution et appelé comme témoin dans le procès de la reine,
il y déposa en peu de mots et avec dignité;
bientôt il est traduit lui-même devant le tribunal révolutionnaire, condamné à mort et con-
duit à l'échafaud le même jour que son cousin
le ministre de la guerre. (1).

Jean-Frédéric de la Tour-du-Pin de la Charce,
frère du précédent, est né à Paris en 1734. Connu
d'abord avant son mariage sous le nom de Chevalier de la Tour-du-Pin, et ensuite sous celui
de Vicomte de la Charce, il fut reçu dans l'ordre de Malte, pour lequel il fit ses preuves au

(1) Prud'homme, *Histoire générale et impartiale des faits,
erreurs et crimes de la révolution française,* 6 vol. in-8°, 1797.

grand Prieuré de France, en 1756. Sous son premier nom, étant entré au service, en 1746, dans le régiment de la Tour-du-Pin, il devint aide-major-général de l'infanterie à l'armée du Bas-Rhin, commandée par le maréchal d'Estrées, puis major-général de la réserve aux ordres du marquis d'Armentières, en 1759, et enfin, en 1760, major-général de la réserve de quarante-quatre bataillons commandée successivement par MM. de St-Germain et du Muy; et c'est alors qu'à la bataille de Warbourg il fut blessé d'un boulet qui lui fracassa la jambe. C'est encore sous ce nom qu'il eut les régiments de Nice et de Beauce, et qu'il devint, en 1773, gentilhomme d'honneur de Monseigneur le comte d'Artois. C'est ensuite sous la seconde dénomination qu'il fut créé maréchal de camp (1780), commandant en second de Bourgogne (1788), et inspecteur extrordinaire en 1790. Emigrant, il passe à l'armée des Princes et commande les postes avancés devant Thionville, en 1792, et fait partie de l'expédition de l'Ile-Dieu, en 1795. Rentré en France en 1814, il est confirmé dans le grade de lieutenant-général qu'il avait reçu en Angleterre en 1801, et est élevé à la dignité de commandeur de St-Louis. Il est mort à Paris en 1816.

DAVID-SIGISMOND, bailli de LA TOUR-DU-PIN-MONTAUBAN, fils puîné de RÉNÉ-LOUIS-HENRI DE LA TOUR-DU-PIN-MONTAUBAN, marquis de SOYANS, est né en Provence le 25 juin 1751. Entré dans la marine en 1766, il est nommé enseigne de vaisseau en 1773; il fait en 1776, sur l'*Amphytrite*, une campagne en Amérique. Devenu, en 1778, commandant du *Flint-Castle*, il protège le commerce dans la Méditerranée et mérite les remerciements de la ville de Marseille. Passe aux Indes-Occidentales où son bâtiment, appelé le *Sagittaire*, qui faisait partie de l'escadre du comte d'Estaing, capture le vaisseau anglais *The Experiment*. Il est nommé, durant cette campagne, lieutenant de vaisseau (1779), et est reçu, en décembre de la même année, chevalier de St-Jean-de-Jérusalem. Il commanda, en 1780, le brick le *Tarton*, et devint, ensuite, premier lieutenant du vaisseau le *Héros*, commandé par le bailli de Suffren (1781), sous les ordres duquel il fit la brillante campagne des Indes-Orientales. En 1785, il monta la corvette la *Blonde* qu'il commanda sur les côtes du Sénégal. Promu au grade de major de vaisseau en 1786, il est nommé général des galères de Malte, qu'il commande de 1788 à 1792, après avoir prononcé ses vœux et avoir été fait grand'-croix de son ordre. A cette époque, il est élevé au grade de capitaine de vaisseau au service de France; et pour ne pas avoir voulu prêter serment à la Constitution de 1791 , il est rayé des contrôles. Durant son commandement des galères, il avait été chargé de protéger le mouvement royaliste qui devait éclater dans le Midi sous les ordres de son frère le marquis de la Tour-du-Pin-Montauban , jadis colonel de *Rouergue* et alors maréchal de camp et chef militaire de cette insurrection. Plus tard, lors de la prise de Malte, il se conduisit avec autant d'honneur que d'autres montrèrent de lâcheté et d'ignominie. Ses états de service constatent qu'il avait fait neuf campagnes sur mer, exercé trois commandements, et que, de 1778 à 1783, il s'était trouvé à un siège et à neuf combats. Retiré à Fiume en Croatie en 1799, l'empereur Paul Ier, élu grand-maître de l'ordre de St-Jean-de-Jérusalem , instruit de la belle conduite du bailli de la Tour-du-Pin lors de la reddition de l'île de Malte, l'attire à sa cour où il le comble d'honneurs. L'année suivante, le bailli de la Tour-du-Pin se rend à Venise pour déposer, entre les mains du pape Pie VII qui venait d'y être élu, la *Relation fidèle de ce qui s'était passé à Malte en* 1798, puis il revient à Fiume où il meurt en septembre 1807. Son frère, le marquis de LA TOUR-DU-PIN, l'avait quitté dès 1801

pour venir se fixer à Bourges dont son oncle
était archevêque, et où il mourut en 1810.
Celui-ci laissa un fils qui devint maréchal de
camp, pair de France et commandeur de l'ordre
de St-Louis et de plusieurs ordres. Il avait servi
à l'armée de Condé et dans les troupes de Por-
tugal. Il s'est distingué à l'armée d'Espagne en
1823, et est mort à sa terre d'Aulnoy le 14 juin
1837.

Jean-Frédéric, comte de la Tour-du-Pin-
Gouvernet-de-Paulin, fils de Jean de la Tour-
du-Pin-Gouvernet, comte de Paulin, mestre de
camp du régiment de Bourbon-cavalerie, devint le chef de sa maison le 20 avril 1775, par
la mort de son cousin, Charles-Frédéric de la
Tour-du-Pin, marquis de Gouvernet, sénéchal
du Valentinois et Diois, et gouverneur de Montélimart. Né le 22 mars 1727, à Grenoble, après
avoir été cornette de cavalerie, en 1741, lieutenant en 1743, capitaine en 1745, et avoir fait
les campagnes depuis 1741 jusqu'en 1748, il
fut nommé colonel aux grenadiers de France
en 1749, et fit en cette qualité les premières
campagnes de la guerre de *sept ans*, et se dis-
tingua à la bataille d'Hastembeck, à la prise de
Minden et de Hanovre ; colonel, en 1757, du régiment de Guyenne, puis en 1762 du régiment

de Piémont; maréchal de camp en 1763, et enfin lieutenant-général; il fut aussi commandant en chef des provinces de Poitou, Aunis et Saintonge, emploi qu'il garda jusqu'en 1789. Elu, à cette époque, par la noblesse de Saintes, député aux Etats-généraux, et partisan des idées nouvelles, il se réunit avec la minorité de son ordre, à l'assemblée des communes, ce qui n'empêcha pas le roi de le nommer ministre de la guerre au mois d'août de la même année. Le comte de la Tour-du-Pin se repent cependant bientôt de son imprudente adhésion a des nouveautés funestes, en voyant surgir de toutes parts la révolte et la sédition des troupes. Lors de l'insurrection de Nancy, il obtient un décret qui aurait dû suffire pour faire rentrer dans l'ordre les esprits turbulents, et qui du moins, grâce à l'énergie du marquis de Bouillé, préserva l'armée d'une complète désorganisation. En cette circonstance la conduite du ministre reçoit une entière approbation de l'Assemblée constituante ; mais bientôt un revirement d'opinions se manifeste : les jacobins furieux de voir la révolution un moment arrêtée par la conduite vigoureuse du ministre, se répandent en invectives contre le ministère. Le comte offre sa démission ainsi que tous ses collègues, à l'exception de M. de Montmorin.

Priés par le roi de ne pas l'abandonner, les ministres restent à leur poste ; mais peu après, entièrement convaincus de l'inutilité de leur dévouement, ils donnent de nouveau leur démission, qui est acceptée en 1790. Retiré à Auteuil, le comte de la Tour-du-Pin est appelé devant le tribunal révolutionnaire pour témoigner dans le procès de la reine ; mais son profond respect, sa noble et courageuse conduite envers l'infortunée Marie-Antoinette, le perdirent : traduit peu de temps après devant ce sanglant tribunal, il fut condamné à mort et exécuté le même jour, 28 avril 1794 (1).

Frédéric-Séraphin, marquis de la Tour-du-Pin-Gouvernet, fils du précédent, est né à Paris, le 6 janvier 1759. Colonel en second de Royal-Comtois, après avoir servi en qualité d'aide de camp du marquis de Bouillé, pendant les trois dernières années de la guerre de l'Indépendance, il devint, peu de temps après, colonel du régiment de Royal-des-Vaisseaux.

(1) Dans son *Histoire de la révolution française*, M. Thiers a prétendu que le comte de la Tour-du-Pin avait témoigné contre la reine ; mais cette imputation est contraire à la vérité historique. La mort de Jean-Frédéric justifie pleinement le sens de sa déposition. Et d'ailleurs, MM. de Lacretelle, Royou, Michaud, le vicomte de Conny et le vicomte Walsh ont rendu toute justice au comte de la Tour-du-Pin, dans leurs récits de ce procès célèbre. (*Annuaire biographique.*)

Envoyé par son père, alors ministre de la guerre, il contribua à étouffer l'insurrection de Nancy, et dans cette affaire eut un cheval tué sous lui. Plus tard il est nommé ministre plénipotentiaire en Hollande. Au 10 août 1792, il rentre dans ses foyers, et, à l'époque du meurtre de Louis XVI, accompagné de sa femme et de ses enfants, il part pour les Etats-Unis, où il donna le noble spectacle d'un homme sachant vivre du travail de ses mains après avoir été dans les grandeurs. De retour en France, après le 9 thermidor, il est bientôt obligé de se réfugier en Angleterre. Sous le Consulat, il rentre de nouveau en France, et Napoléon le nomme d'abord préfet de Bruxelles, et ensuite préfet d'Amiens, où la Restauration le trouva.

En 1814, il fut nommé ambassadeur extraordinaire et ministre plénipotentiaire au congrès de Vienne; puis, en 1815, il est créé Pair de France; et, dans ses lettres patentes de 1820, Louis XVIII dit l'élever à cette dignité EN CONSIDÉRATION DE L'HONNEUR QU'IL A DE LUI ÊTRE ALLIÉ. Depuis le congrès de Vienne, il avait passé comme ministre plénipotentiaire auprès du roi des Pays-Bas, et, en 1820, il devint ambassadeur à Turin, où il resta jusqu'à la révolution de juillet. A cette époque, il donna sa démission de pair et d'ambassadeur, et se retira dans sa terre du Bouilh près de Bordeaux. Mais sa tranquillité fut encore troublée, et par la condamnation de son fils, impliqué dans l'affaire de la duchesse de Berry, et par une autre condamnation qu'il subit lui-même, pour avoir manifesté une indignation trop légitimée par les révoltants propos de cette époque. Quelque temps après, il suivit sur une terre étrangère ce fils, le seul qui lui restât, et mourut à Lauzanne, en 1837.

Telle est l'historique fidèle des membres de la noble maison de la Tour-du-Pin, qui compte dans son sein 14 officiers généraux, dont quatre gouverneurs ou commandants de provinces, un ministre et un ambassadeur, deux cordons rouges et nombre de chevaliers de Saint-Louis, etc.; des prélats recommandables par leur mérite et leur piété, tels que Hugues et Guy, qui étaient évêques de Clermont en 1227 et 1278; Henri, régent du Dauphiné, évêque de Metz; Louis Pyrrhus de la Tour-du-Pin-Montauban, comte de Lyon, évêque de Toulon en 1712, et qui, pendant la peste de 1720, rivalisa de zèle et de charité avec Belsunce, alors évêque de Marseille; et dans ces derniers temps, et de la même branche de MONTAUBAN, outre un évêque de Riez, un archevêque d'Auch,

auparavant évêque de Nancy, et, sous le consulat, évêque de Troyes, où il est mort en
odeur de sainteté, en 1807.

Maintenant nous allons parler du vicomte
de La Tour-du-Pin, l'auteur des *Caractères et
Réflexions morales.*

Le vicomte Henri de la Tour-du-Pin—Chambly,
né à Paris le 13 avril 1783, est fils de Réné-Char-
les-François, comte de la Tour-du-Pin-Chambly de la Charce, d'abord colonel en second
au régiment d'Aunis, puis ensuite colonel des
grenadiers royaux de Bourgogne, qui périt sur
l'échafaud révolutionnaire le 7 juillet 1794.
Durant un voyage entrepris pour leur éduca-
tion, enlevé à l'âge de 11 ans, ainsi que son frère
aîné qui n'en avait que quatorze, ils furent jetés
tous deux dans les prisons du Luxembourg où
ils restèrent un an. L'impression produite sur
le jeune Henri par l'énorme cocarde tricolore
que portait le geôlier, qui au milieu de la nuit
vint réveiller son père, en lui disant insolem-
ment : *La Tour-du-Pin, lève-toi !* la vue de
cette cocarde dans un pareil moment, l'air
rébarbatif de l'homme qui en était affublé,
toutes ces circonstances réunies, firent que
M. de la Tour-du-Pin conserva toute sa vie
une horreur profonde pour les couleurs trico-

lores. Aussi, en haine de ces mêmes couleurs, refusa-t-il de prendre part aux gloires de l'empire, quoiqu'il les admirât; et en 1815, lorsqu'il était capitaine d'état-major, envoya-t-il sa démission le lendemain de la seconde Restauration, parce que, dans un ordre du jour, le général Dessoles, commandant de la garde nationale de Paris, et duquel il était aide de camp, avait fait au nom du roi des remercîments à la garde nationale de ce qu'elle avait demandé, à la fin des cent jours, à garder la cocarde tricolore.

Depuis la révolution de juillet, pour éviter de porter cette cocarde, il s'est exposé aux tracasseries des conseils de révision, de discipline, aux décisions de la Cour de cassation et du Conseil d'Etat ; s'est même laissé mettre deux jours en prison, et toujours pour ne pas porter cette cocarde qu'il avait en horreur. Il avait été trempé dans le sang de son père : cette horreur se conçoit, quelle que fût son admiration pour nos triomphes.

C'est sous l'empire d'une telle persistance qu'il faillit être victime de ses opinions, le 29 juillet 1830. Se trouvant à la fin de ce jour sur la place de la Concorde, il fut pris pour un espion par des gens armés qui l'entourèrent, en lui criant impérativement : *Vive la Charte!*

—*Eh bien! oui*, répondit le vicomte, *vive la la Charte, mais sans restriction!* A ces mots, le cercle qui l'entourait s'ouvrit, et lui laissa le passage libre. Il allait disparaître, quand se ravisant, les gens qui l'avaient arrêté coururent après lui ; au bruit précipité de leurs pas, le vicomte se retournant, se trouva en présence de deux hommes qui lui mettent l'épée sur la poitrine. — *Eh bien!* leur dit-il, d'une voix énergique, *quand vous tuerez un homme sans armes, vous commettrez un crime; vous en serez fâchés l'instant d'après*. Cette nouvelle réponse étonne, arrête ces forcenés ; cependant ils vocifèrent de nouveau, leur colère s'augmente : honteux d'avoir été surpris par la rare présence d'esprit de M. de La Tour-du-Pin, ils vont lui faire un mauvais parti, quand deux personnes s'interposant entre ces furieux et le vicomte, ce dernier put s'éloigner paisiblement.

En 1816, M. de la Tour-du-Pin fut nommé commandant des gardes nationales de l'arrondissement de Pithiviers dont il avait déjà présidé le collège électoral en 1815. Il fut aussi nommé membre du Conseil général du département du Loiret en 1824 et ne cessa ces fonctions qu'en 1830. Depuis cette époque il s'est tout à fait éloigné des affaires publiques et est rentré dans la vie privée où il a pu se livrer en toute liberté à son goût pour la philosophie et la littérature.

Il nous reste donc à examiner son livre des *Caractères et Réflexions morales*.

L'auteur a divisé ce livre en deux parties. La première renferme des caractères écrits avec verve ; la seconde, des réflexions disposées avec méthode. Ici, commençons d'abord par féliciter l'auteur de ce mode de classification, excluant tout à fait la confusion et qui dénote un esprit rempli d'ordre et de soin.

Dans les *caractères*, nous devons dire tout d'abord, que M. de la Tour-du-Pin en traçant des caractères d'individus que l'on peut rencontrer tous les jours dans le monde, s'est peut-être trop préoccupé du soin de nous montrer des types tracés, il est vrai, de main de maître, mais qui ne seront jamais que des exceptions, parce que ses types ne sont que des portraits parfaitement ressemblants de gens qu'il peut avoir connus, mais qui ne s'appliqueront jamais à un type en général : du reste, il se trouve en cette circonstance dans le même cas que Théophraste et Labruyère, qui n'ont jamais fait qu'écrire des portraits et n'ont jamais créé des originaux. Il est vrai que l'humanité était là et qu'ils ont eu à choisir dans les mille variétés d'espèces de types qu'elle renferme, dont le premier dans chaque espèce ne ressemble pas plus au second que le centième n'a de points de ressemblance avec le millième. Cependant, l'auteur dont nous nous occupons, envisageant aussi les vices généraux de l'humanité, trace plusieurs caractères et quelques travers qui sont bien de tous les temps.

Nous citerons ici quelques passages importants de son livre : ils montreront à nos lecteurs l'esprit d'observation qui distingue l'auteur et la vérité de ses peintures. Qu'on en juge par ces passages que nous empruntons au portrait de l'homme du monde.

« Qu'est-ce qu'un homme du monde ? C'est celui qui, esclave empressé de la mode et de l'usage, n'oserait, à lui seul, avoir des goûts, des opinions, une volonté, des manières ; et qui, façonné sur un certain modèle, comme le costume du jour, toujours transformé, jamais dans sa propre nature, n'a de certain et de fixe que sa souplesse et sa variabilité même.

« C'est celui qui pense, avant toutes choses, que son mérité s'accroît de la beauté de son habit, et qui tiendrait à honte, si l'on n'admirait en sa personne les tissus des pays renommés, et la coupe la plus nouvelle de l'ouvrier célèbre.

« C'est encore l'homme qui n'a qu'une seule

et unique affaire, le spectacle où l'on court, le souper du jour, et le bal du lendemain. C'est aussi celui qui parle durant plusieurs heures et avec importance, de chevaux, de voitures, de meubles et de jeu ; et qui tourne en ridicule chez l'un, ce qu'il a loué chez l'autre.

« C'est l'homme qui, d'un seul coup, des cartes ou des dés à la main, n'hésite point à risquer tout l'or qui suffirait, une année durant, à l'entretien de dix familles. C'est aussi l'homme qui, ayant tort, soutient l'épée à la main qu'il a raison ; qui n'a jamais fait une excuse, et prétend le mieux savoir vivre; qui, parmi les siens, est triste, silencieux, morose, et que l'on n'aperçoit dans la foule que le sourire sur les lèvres.»

Voici ce que dit l'auteur sur l'homme important. A coup sûr, cela peut s'adapter à bien des hommes, et c'est sans contredit un de ses meilleurs caractères :

« Alphonse a paru dans des temps difficiles : il n'a point parlé, il n'a point agi , il était noyé dans la foule ; mais il est grand, il est beau, il s'est redressé, on l'a vu ; et maintenant il dit : *Ma réputation est faite.*

« Je l'écoute, et j'entends ces paroles : *Souvent on m'a consulté , et j'ai dit : Cela ne me plaît pas; vous vous trompez , vous n'avez point d'expérience, vous agissez mal, il faut apprendre ; croyez-moi, je sais ce qu'il vous faut ; et l'on a reconnu que j'avais raison.*

« Il dit encore : *J'étais un des hommes à la mode de mon temps ; et nul ne montait mieux à cheval et ne maniait mieux les armes.* Et il ajoute, sans embarras et sans honte : *J'avais la jambe belle et le port majestueux ; je plaisais beaucoup aux femmes, et j'ai eu plus de succès que je n'en ai voulu.* »

Et ailleurs, M. de la Tour-du-Pin nous offre la peinture vraie, poignante, de deux existences de femmes, et du jugement que porte le monde sur chacune d'elles.

Voici pour la première :

« Ne craignez rien, Adine ; entourez-vous d'une espèce de cour ; donnez à chacun des espérances ; allez seule avec des hommes au bal et au spectacle ; recevez-en à une certaine heure ; et à cette heure, que votre porte soit interdite au reste des humains : faites aussi des parties chez les gens qui donnent à manger, dans des lieux écartés, dans des appartements secrets ; et là, passez les soirées et les nuits même : oubliez toute réserve, toute décence ; prenez Charles, quittez-le pour Julien, reprenez-le ensuite, ayez-les ensemble, le même jour, et presque à la même heure : donnez encore dans de plus grands excès, et réalisez ce qu'on ne croit point des Messaline et des Julie, sur la foi des Tacite et des Suétone; déguisez-vous, allez le soir au coin des rues, mêlez-vous parmi les prostituées, passez les nuits dans la plus effrénée débauche, et le matin, en rentrant, fatiguée et non assouvie, faites monter dans votre carrosse un bel homme qui passe dans la rue ; tout vous est permis, Adine : on ne le croira point; on vous verra; on vous recherchera; il sera du bon air d'être reçu dans votre maison; on se vantera d'y aller; et les jours où vous recevrez, on verra trois cents voitures à la porte de votre hôtel : mais il faut expliquer ce mystère, Adine ; votre sang est illustre, ou votre fortune est grande. »

Et voilà la seconde :

« Inutiles précautions, Gabrielle, inutile réserve : il ne vous sert de rien d'avoir résisté; de ne vous être rendue qu'au plus tendre amour ; d'avoir pour amant un homme qui justifierait en quelque sorte les plus grandes folies; de ne point vous montrer en public avec lui; de ne le voir et de ne lui écrire qu'avec discrétion et mesure ; d'aimer plutôt ses rares qualités que son sexe ; d'être plutôt son amie que sa maîtresse ; d'être prête à sacrifier pour lui vos biens et votre personne ; de n'avoir jamais aimé que lui, et de ne vouloir aimer que lui seul : vous êtes perdue, Gabrielle, vous frapperez à toutes les portes, et vous frapperez en vain : votre naissance est obscure, ou vous êtes pauvre. »

Oh! que vous avez raison, M. le vicomte : c'est bien là le jugement du monde, ayant deux poids et deux mesures, et faisant plier les grands principes de la moralité devant l'éclat du luxe et des grandeurs, devant toutes les satisfactions qu'il peut offrir à la frivolité et à l'orgueil. Et combien n'a-t-on pas à déplorer d'existences modestes et sans piédestal, et qui sont perdues et brisées pour une seule faute! Incroyable travers, qui, plus que tout autre, bouleverse la société de fond en comble! C'est bien à ce sujet que nous oserons avancer ici que l'intérêt personnel seul gouverne l'humanité, et aussi dirons-nous comme Larochefoucauld, « que les vertus se perdent dans l'intérêt comme les fleuves dans la mer. » Cependant nous ne sommes pas ici du même avis que M. de la Tour-du-Pin, car voici ce qu'il dit en tête de ses *Réflexions morales* :

« J'admire que certains esprits, si pénétrants d'ailleurs, se soient si étrangement trompés touchant le premier principe de toute société humaine. Je cherche à concevoir comment ils n'ont reconnu d'autre motif des actions morales que celui qui les avilit; je m'efforce de comprendre qu'ils aient donné l'intérêt personnel

pour cause à des actes qu'il réprouve; qu'ils se
soient flattés d'expliquer par cet intérêt même,
l'enthousiasme dont l'homme est si souvent
saisi contre son intérêt propre; et je trouve
tout à fait merveilleux que, sourds à leur
propre cœur, ils n'aient point reconnu au prix
des sacrifices la source dont ils découlent; et
que plus heureux de la joie d'un homme que de
leur propre félicité, ils aient pu ne pas sentir
enfin, que Dieu qui a voulu deux choses,
l'homme et la société des hommes, a nécessai-
rement voulu les moyens de leur conserva--
tion; je veux dire deux principes opposés, l'un
propre à l'individu, et l'autre propre à l'espèce;
je veux dire enfin, le besoin du bonheur personnel et le besoin du bonheur d'autrui : com-
pensation vraiment divine, et qui seule expli-
que et l'égoïsme, et la grandeur d'ame, et leurs
degrés divers ; comme aussi elle nous apprend
à apprécier, et cette doctrine dégradante aussi
indigne d'un cœur généreux que d'un esprit
solide, et cette pénétration trop vantée des fau-
teurs d'un triste système : véritable lumière
qui nous révèle enfin que la malignité n'est
point de la philosophie. »

Ce sentiment d'indulgence honore le cœur
de M. de la Tour-du-Pin, et nous l'en félicitons. Heureux est celui qui, après avoir vécu

dans une société corrompue, et se résolvant à
écrire ce qu'il a vu, peut le faire sans passion
et sans haine : celui-là est digne d'éloges. Nous
voudrions pouvoir citer encore quelques passages des *Caractères* qui nous ont le plus
frappé; mais l'espace nous manque. Nous citerons seulement, après ceux dont nous avons
parlé plus haut, les caractères de l'*humoriste*,
de l'*égoïste*, du *savant*, de la *femme savante*,
de l'*homme bas*, du *spéculateur*, de l'*homme de
lettres*, etc., etc. ; et nous parlerons des *Réflexions morales* qui forment la seconde partie, et la plus importante, de l'ouvrage du noble
vicomte.

Les *Réflexions morales* dont nous venons
de citer la première, sont assurément de beaucoup préférables aux *Caractères*. Dans ceux-ci,
l'auteur s'attachant seulement à nous présenter
les vices, les ridicules de quelques individus,
s'est au contraire efforcé dans les autres de
nous montrer, avec autant de pitié que d'indulgence, les travers du cœur de l'homme en général. A Dieu ne plaise que nous voulions ici
faire le reproche à l'auteur, de cette tendance
à bien juger l'humanité : nous ne pouvons que
lui en savoir gré tout en regrettant de n'avoir
pas comme lui assez d'abnégation , assez de
bonté dans le cœur pour être de son avis. Si

nous pensons avec M. de la Tour-du-Pin que l'homme est naturellement bon, et qu'à moins d'être une montrueuse exception, il ne fait jamais volontairement le mal, nous ne croyons pas que le monde soit gouverné en définitive par des sentiments généreux : car si l'homme est bon par lui-même il devient mauvais au contact de la société.

Voici cependant quelques paroles pleines de vigueur que nous citerons avec plaisir :

« Le vice est une gangrène; taillez dans le vif : la pitié n'est point de saison : pardonnez tout, défauts, sottise, vanité, travers, ignorance, chacun en a sa part; mais quant au vice, prenez la hache, et coupez hardiment. Ce n'est point un ridicule, point de raillerie; ce n'est point une faiblesse, une imprudence, point d'excuse, point de tolérance : c'est un mal invétéré, et que le malade aime à répandre; la politesse n'est pas faite pour les pestiférés, il faut les fuir : rompez donc en visière, et couvrez le vice d'opprobre, si vous êtes pur. »

Nous terminerons nos citations par les pas sages suivants :

« *Que sais-je ?* Profonde philosophie, et les hommes d'applaudir. *L'homme n'est fort que de ce qu'il croit :* autre maxime qu'on admire :

mots inconciliables en apparence, et cependant
solides, chacun selon sa valeur. »

« La philosophie est fort belle assurément ,
mais le doute en découle. Elle dit bien · *Dans
le doute, abstiens-toi*; mais la force de s'abs-
tenir n'est que dans la croyance, et douter ce
n'est pas croire. »

Ce qui est bien vrai!

Enfin, pour achever le compte-rendu de cet
ouvrage, nous dirons que M. de la Tour-du-
Pin nous donne les définitions *de l'homme, de
la morale, du vice et de la vertu en général; de
la politique* dans ses rapports avec *la morale :*
hautes et graves questions, dans lesquelles il
se montre observateur profond et moraliste
rempli de sentiments à la fois énergiques et
tendres. Poursuivant sans relâche la tâche difficile qu'il s'est imposée, il traite successivement du *caractère* et de l'*habileté*, de l'*hu-
meur*, de l'*esprit*, de *la science*, de l'*amour·
propre*, du *ridicule*, du *monde*, des *jugements*,
de *la réputation*, du *cœur* et des *relations qui
en dérivent*, du *bonheur* et des *mécomptes*. Il
termine en parlant de *la religion*, de *sa néces-
sité* et de *sa vérité*. — Et dans chacune de ses
réflexions, l'auteur abonde en traits fins, spiri-
tuels et remplis de cette sensibilité qui va à
l'âme et y laisse de si douces émotions.

Somme toute, le livre des *Caractères et Réflexions morales* est un ouvrage fort remarquable par son style nerveux, pur, correct et élégant. Nous proclamons hautement que l'auteur est le premier moraliste qui ait su lier les unes aux autres ses réflexions morales de telle sorte, que par leur enchaînement et leur ordre méthodique, elles frappent l'esprit le moins observateur. Nous félicitons M. de la Tour-du-Pin d'avoir osé écrire un livre de caractères et de réflexions morales après d'aussi illustres devanciers que Larochefoucauld, La Bruyère et Pascal; et nous sommes heureux de pouvoir lui dire qu'il n'a pas été au dessous de ces grands écrivains qui avaient laissé jusqu'à présent l'accomplissement d'un travail semblable à celui qu'ils ont entrepris, difficile pour tous ceux qui viendraient après eux.

H. L.

Les armes de M. le vicomte de la Tour-du-Pin-Chambly, sont celles de la maison de la Tour-du-Pin, telles qu'elles sont énoncées aux lettres-patentes de pairie de 1820, c'est-à-dire : *écartelé aux 1 et 4 d'azur, à la tour d'argent, au chef cousu de gueules, chargé de trois casques d'or tarés de profil, aux 2 et 3 d'or, au dauphin d'azur, et les* DEVISES : la première, TURRIS FORTITUDO MEA ; la seconde, celle de l'illustre René, COURAGE ET LOYAUTÉ ; écartelées de celles de la maison de Chambly, qui sont : *une croix dentelée et azurée, chargée de cinq fleurs de lys d'or, le premier canton chargé d'un écu de gueules à trois coquilles d'or, posées 2 et 1.*

Paris. Imp. F. LOCQUIN, r. N.-D. des Victoires, 16.